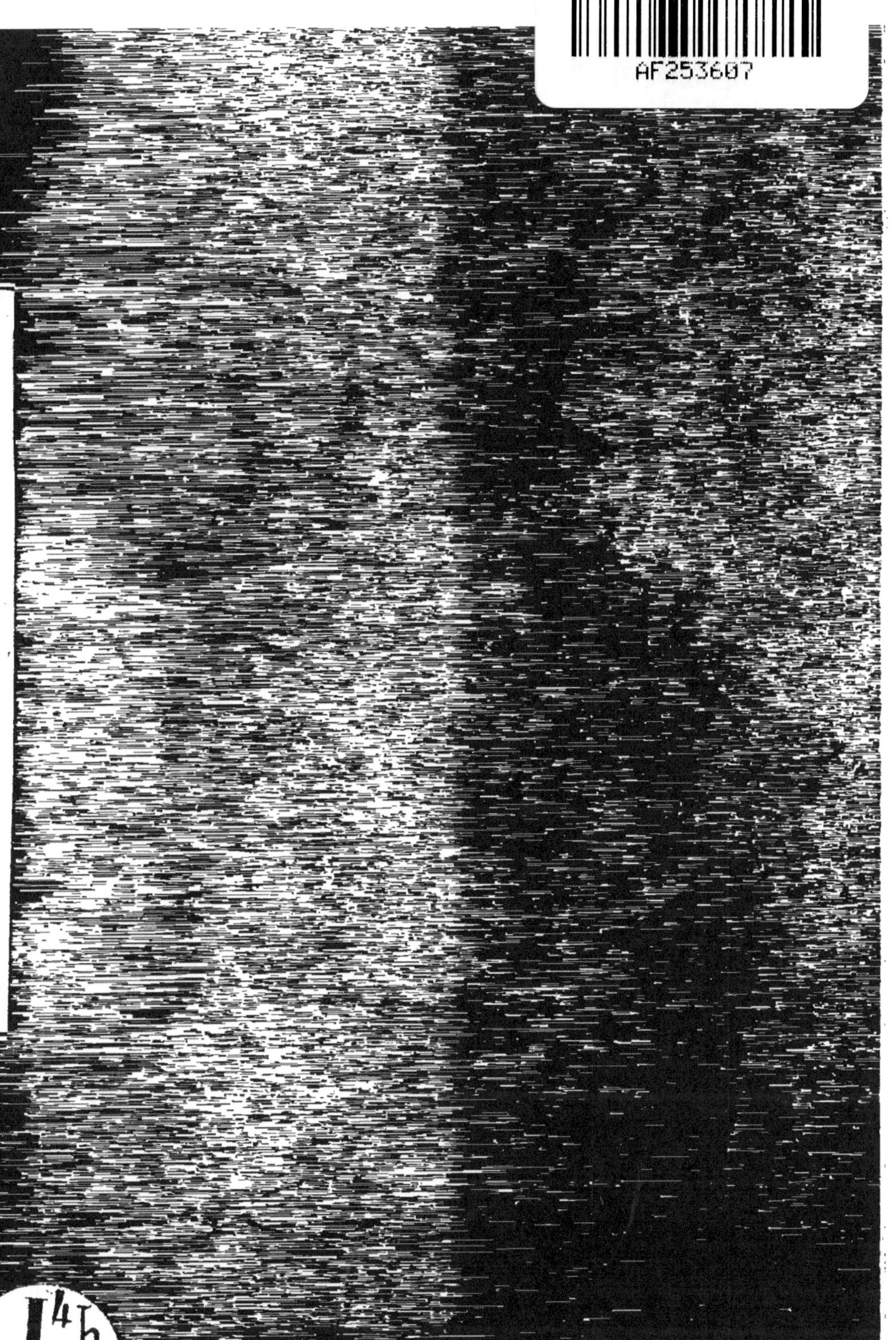

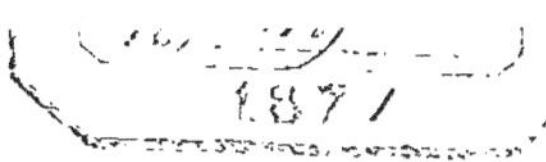

SOUVENIRS

D'UN VOLONTAIRE

DE 1870

SOUVENIRS

D'UN VOLONTAIRE

DE 1870

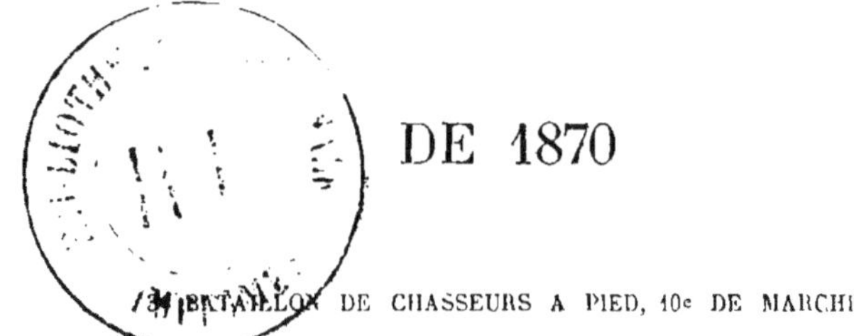

3e BATAILLON DE CHASSEURS A PIED, 10e DE MARCHE

PAR E. PAPOT

(Extrait du JOURNAL DE LA MARNE.)

CHALONS

IMPRIMERIE T. MARTIN, PLACE DU MARCHÉ-AU-BLÉ, 50.

1871.

SOUVENIRS

D'UN VOLONTAIRE

DE 1870

Si quelqu'un s'est jamais attendu à écrire quelques souve
nirs de sa vie militaire, ce n'est certainement pas moi, car
j'ai toujours eu une répugnance profonde à mener la vie
abrutissante d'un soldat en caserne, et l'uniforme des défen-
seurs de la patrie n'a jamais été pour moi d'un bien grand
attrait. Il ne fallait rien moins que nos revers multipliés pour
me décider à contracter un engagement volontaire. D'accord
avec Hatat, qui était de quelques années plus âgé que moi,
nous résolûmes de quitter Châlons, le mardi 18 octobre.

Ne voulant pas partir sans être muni de papiers, je m'en
fus à la mairie demander mon acte de naissance, croyant y
trouver de l'empressement pour me donner les papiers néces-
saires à mon engagement. Mais j'avais compté sans ces
messieurs les bureaucrates, qui me bernèrent toute une
journée, m'envoyant d'Hérode à Pilate. Un d'entre eux, que
je pressais vivement d'obtempérer à ma demande, me répondit, sans s'émouvoir, après s'être mouché, avoir pris une
prise et curé ses dents, qu'il était très-occupé (je ne m'en serais
jamais douté), et qu'il me faudrait attendre plusieurs jours.
Que même il craignait de se compromettre près de messieurs

les Prussiens, et qu'il vaudrait mieux attendre leur départ de notre localité. C'était écœurant et fait pour décourager les jeunes gens de bonne volonté ; c'est ce qui arriva à plusieurs.

Heureusement pour moi, je me trouvai avec M. Rivierre, le greffier du tribunal, qui s'empressa avec une bonne grâce dont je lui témoigne ici ma reconnaissance de me donner ce que l'on m'avait refusé à la mairie.

Le mardi, nous prîmes la voiture de Troyes. Il faisait un temps magnifique qui nous permit de jeter longtemps un regard humide vers Châlons, qu'un de nous, hélas! ne devait plus revoir.

Nous eûmes, pour chasser la monotonie d'une longue journée passée en voiture à travers les plaines arides de la Champagne, la conversation amicale et distinguée de M. Vial, sous-préfet de Sarreguemines.

Il nous apprit qu'après avoir été retenu prisonnier par les Allemands, il allait se mettre à la disposition du gouvernement de Tours et donner aux ministres des renseignements sur l'armée de Metz. Avec le concours de ses administrés, mis en réquisition pour convoyer les vivres aux assiégeants, et qui avaient été enlevés dans une sortie par les assiégés, il avait pu correspondre avec ceux-ci, et il était, nous dit-il, porteur de dépêches importantes.

Il ne doutait nullement du succès d'une prochaine sortie que Bazaine devait tenter pour se rallier aux armées du midi et débloquer Paris.

En l'entendant parler avec conviction, Hatat et moi nous nous laissâmes emporter par nos illusions ; nous nous voyions revenir avec l'armée victorieuse, traversant Châlons et pourchassant les Prussiens de l'autre côté du Rhin. Malheureusement c'étaient des rêves, et quand, trois semaines après, la honteuse capitulation de Metz vint jeter de la glace sur nos illusions, nous ne pûmes nous empêcher de prévoir nos malheurs à l'armée de la Loire.

On nous avait prévenus qu'à Sommesous les Prussiens exer-
çaient une active surveillance et arrêtaient les jeunes gens
qu'ils supposaient rejoindre nos armées. Ce fut donc presque
avec crainte que nous arrivâmes à ce village ; déjà, de loin,
nous croyions voir paraître un casque à paratonnerre ; c'é-
tait heureusement une erreur, car en approchant nous re-
connûmes un casque... à mèche, un vulgaire bonnet de
coton, sous lequel un naturel du pays était occupé à garder
ses dindons.

A Mailly, nous nous découvrîmes devant le drapeau trico-
lore, que nous ne voyions plus depuis deux mois, et l'inscrip-
tion : *République française. — Liberté, Egalité, Fraternité*
nous fit tressaillir d'espérance, en nous rappelant ce qu'en
1792 nos pères avaient fait.

En voyant les cantonniers occupés à transformer les indi-
cations des bornes kilométriques (1), nous ne pûmes
nous empêcher de louer ironiquement le gouvernement qui,
au milieu des graves occupations de la défense nationale,
trouvait le temps de s'occuper de pareilles futilités.

A Troyes, apprenant que plusieurs de nos compatriotes
s'étaient engagés pour le 3e bataillon de chasseurs à pied,
en garnison à Grenoble, nous résolûmes de nous réunir
à eux, ce dont nous nous sommes toujours félicités, car
notre bataillon était un beau bataillon.

Nous prîmes le dernier train que la gare de Troyes ait
formé. Après quatorze heures de locomotion, nous arrivâmes à Lyon.

Malgré une pluie battante, nous ne voulûmes continuer
notre route qu'après avoir visité cette ville, admirablement
située sur une presqu'île formée par le Rhône et la Saône.
On y remarque le splendide panorama des quais, la place
Napoléon, square magnifique, où s'élevait la statue de

(1) R. N. au lieu de R. I.

Napoléon Ier (1) ; l'immense place Bellecour, ornée de la statue
de Louis XIV ; l'hôtel de ville, où sont conservés les deux
magnifiques groupes de Coustou, le *Rhône et la Saône ;* la
Bourse, l'Hôtel-Dieu, dont la chapelle est surmontée d'une
coupole assez remarquable ; la bibliothèque, riche de 130,000
volumes ; le grand théâtre, œuvre de Soufflot ; plusieurs
églises, l'archevêché et quelques ponts ; le panorama de la
terrasse de Notre-Dame de Fourvières, d'où l'on découvre,
quand l'horizon est clair, la cime du Mont-Blanc, et dont on
aperçoit la flèche, surmontée d'une grande vierge dorée, de
tous les points de la ville.

De Lyon à Grenoble, le trajet ne nous sembla pas long ;
notre compartiment, au complet, ne contenait que des engagés volontaires pour notre bataillon, et là s'ébauchèrent
plusieurs de ces amitiés comme on n'en forme qu'à l'armée.

Nous arrivâmes au dépôt le vendredi 21 octobre. Je reçus
mon numéro matricule, car au régiment l'on cesse d'être un
homme, on devient une machine numérotée.

A peine arrivés, nous fûmes entourés par nos compatriotes
qui, de tous les côtés de la caserne, venaient nous serrer la
main et nous demandaient avidement des nouvelles de leurs
parents.

Pendant plusieurs jours, il arriva de nouveaux Châlonnais,
ce qui portait notre nombre à une quarantaine. Nous étions
fiers d'être réunis aussi nombreux au même bataillon ; du
reste, le patriotisme châlonnais plut au capitaine-major
commandant notre bataillon, car il eut constamment une
prédilection marquée pour nous. Nous reçûmes des tuniques,
tandis qu'ordinairement il n'était donné que des petites
vestes, et, par la suite, nous eûmes presque tous des galons.

Le temps que nous passâmes au dépôt nous parut très-
long. Un mauvais temps continuel nous empêchait d'aller en

(1) Elle a été démolie depuis mon passage.

promenade, quand par hasard l'adjudant oubliait de consigner le quartier.

Nous passions une grande partie du jour à l'exercice, dans un vaste terrain de manœuvres situé au pied de hautes montagnes couvertes de neige et bordé d'un côté par l'Isère. Je me rappelle y avoir eu bien des onglées le matin, et combien de fois ai-je entendu notre vieil instructeur s'écrier d'une voix rogommeuse : « Cristi ! qu'ça pince ; qui est-ce qui paie la goutte, pour se réchauffer ? » en lorgnant une brunette qui nous suivait partout avec un panier renfermant quelques litres de *blanche* et un verre.

Je me rappelle avoir esquivé bien des corvées en exauçant les vœux spriritu... eux de ce vieux *lascar*.

Un soir de dimanche, pendant la journée duquel on avait appris la trahison de Bazaine, nous fûmes très-surpris d'entendre les tambours de la garde nationale battre la générale. Malgré une pluie diluvienne, nous prîmes nos sabres et nous allâmes vivement par la ville, qui était en train de se payer sa petite émeute.

L'hôtel du général fut assiégé par le peuple, qui demandait à grands cris la tête de tous les généraux de l'Empire. Le général, aidé par le préfet, essaya de parlementer, mais n'y réussit pas. Voyant les portes céder sous les coups des émeutiers, il déclara se rendre à la garde nationale, si on lui promettait la vie sauve, ce qui lui fut accordé. Il fut conduit à la prison, non sans avoir reçu quelques horions ; le lendemain, il fut envoyé sous escorte à Tours.

Dès que le général s'était rendu, les émeutiers s'étaient dispersés, au grand mécontentement des dames de Grenoble, qui regrettaient de s'être fait mouiller pour assister à une émeute qui durait si peu de temps.

On ne donna aucun ordre aux chefs de corps de la garnison pour prévenir ou empêcher l'arrestation du général ; du reste, on fit bien, car les soldats, furieux de nos défaites, se seraient certainement refusés à dissiper les rassemblements.

Nous désirions vivement entrer en campagne et quitter Grenoble, où nous étions très-mal sous tous les rapports. Le climat malsain de ce pays, la mauvaise nourriture de la caserne, et surtout le mauvais coucher, avaient déterminé beaucoup de cas de forte diarrhée.

La variole sévissait assez cruellement et le service médical manquait. Un seul médecin civil était chargé de visiter trois dépôts; la grande quantité de malades l'empêchait de les examiner sérieusement, et combien n'y en eut-il pas qui succombèrent, faute d'avoir été admis à temps à l'hôpital!

Aussi ce fut avec une grande joie que, vers le 20 novembre, je vis entrer dans le bureau du sergent-major, où je travaillais, un monsieur décoré, à la tournure militaire. C'était M. de Monnard, qui venait prendre le commandement de notre compagnie; il avait assisté, comme lieutenant au bataillon de chasseurs de la garde, au début de la campagne; il avait été décoré après avoir reçu plusieurs blessures dans les combats qui se livrèrent sous Metz, et lors de la capitulation il s'était évadé à la faveur d'un déguisement, et était allé à Tours, au ministère de la guerre, où il fut nommé capitaine de notre compagnie.

Notre nouveau chef fit activer de suite notre départ, qui fut fixé au 25 novembre. C'est alors que l'on me nomma caporal, mais en me versant dans une compagnie en voie de formation.

J'allai immédiatement trouver le capitaine, lui disant que je ne m'étais pas engagé pour rester au dépôt, que je voulais partir avec lui, renonçant plutôt à mes galons qu'au départ.

M. de Monnard, me voyant aussi décidé, me répondit qu'il aimait à s'entourer de bons caporaux et qu'à sa prière il espérait que le major me ferait rester à sa compagnie. En effet, le lendemain, le sous-lieutenant Guyard, avec lequel j'étais en très-bons termes, vint me serrer la main en me disant :

— Vous nous restez, le capitaine et moi l'avons obtenu.

Beaucoup de Châlonnais ne purent obtenir cette faveur. Ils partirent successivement dans diverses compagnies, allant renforcer différents corps d'armée. Quelques-uns même restèrent toujours au dépôt.

Le 24, le général nous passa en revue, puis nous fîmes une promenade militaire en tenue de campagne, sac au dos, avec effets de campement.

Le capitaine, que nous voyions pour la première fois en uniforme, nous fit manœuvrer et parut content de sa compagnie, qui, du reste, était animée du meilleur esprit et qui marchait fièrement, répétant les refrains de nos clairons, malgré le poids que nous avions pour la première fois sur les épaules et qui nous paraissait diablement dur à porter.

Le lendemain matin, le bataillon nous escortait jusqu'à la gare, où un train nous attendait.

C'est un moment assez pénible que celui d'un départ. Ceux qui restent voudraient s'en aller, ceux qui partent se disent que peut-être ils ne reviendront pas. On se presse les mains, on s'embrasse, on se promet de soutenir la gloire du bataillon (1); on agite les képis, jusqu'à ce que la locomotive vous dérobe aux regards mouillés de ceux qui restent.

Il est de tradition, pour le départ des soldats, de faire parade de son enthousiasme. On crie : Vive la République ! On hurle la *Marseillaise*, on s'enivre de joie, etc. Mes camarades ne s'en firent pas faute, mais moi qui avais vu tous les passages de troupes à Châlons pour les bords du Rhin, suivis de si prompts revers, je ne pus prendre part à la joie générale.

Après trente-trois heures de chemin de fer en wagon à bestiaux, nous arrivâmes à Blois. Sous le prétexte de l'heure avancée (dix heures du soir), on nous refusa des billets de logement : il nous fallut coucher sous la halle.

Il paraît que le chemin de fer nous avait conduits trop

(1) Notre bataillon avait été plusieurs fois cité à l'ordre du jour, et, en dernier lieu, à la reprise d'Orléans.

loin, car le lendemain on nous fit retourner en arrière, à Beaugency.

Nos officiers nous voyant marcher silencieusement et sachant que les chansons semblent diminuer la longueur des étapes, nous firent chanter quelques refrains qui n'étaient connus que de quelques vieux sergents, car, presque tous, volontaires ou conscrits de 1870, nous ne pouvions les connaître qu'en ayant lu le *Cent-unième*, de Noriac. Nous les apprîmes bien vite, et bientôt tous, en chœur, nous chantâmes les hauts faits de la cantinière.

Arrivés à Beaugency, la municipalité nous désigna pour logement la salle du théâtre ; mais les habitants voulurent nous offrir une hospitalité plus écossaise, car ils vinrent de tous côtés nous chercher, et nous pûmes nous étendre pour la dernière fois dans des lits, après un repas des plus confortables.

Le lendemain, nous partîmes pour Saint-Laurent-des-Bois, où nous trouvâmes campés, près de la forêt de Marchenoir, le 17e corps d'armée, auquel nous devions appartenir.

Une compagnie du 8e bataillon de chasseurs, ainsi qu'une du 9e qui nous suivait depuis Grenoble, composèrent avec nous le 10e bataillon de marche, 2e division, 1re brigade.

Pour la première fois, nous montâmes nos tentes, et malgré la nouveauté du coucher, nous ne tardâmes pas à dormir profondément.

Nous passâmes la journée du lendemain à nous initier au campement.

Dans notre 2e compagnie, formée du 8e bataillon, se trouvaient un certain nombre de Châlonnais, une quinzaine au moins. Ils m'apprirent que, dans les régiments de ligne formant brigade avec nous, je pourrais voir plusieurs compatriotes, notamment MM. Martin, caporaux au 51e de marche.

Je voulus aussitôt parcourir le camp, espérant les rencon-

trer ; mais le capitaine qui, pendant les deux marches pré-
cédentes, s'était entretenu plusieurs fois avec moi, vint me
demander si je voulais être aide-fourrier. J'acceptai, et immédiatement je conduisis la corvée aux vivres, ce qui n'était
pas facile, car l'intendance s'établissait un peu partout et
assez loin du camp. Il fallait chercher assez longtemps avant
de trouver les convois. Cet incident m'empêcha de joindre
mes compatriotes et de leur serrer la main.

Dans l'après-midi, vers trois heures, je fus placé de grand'-
garde à l'extrémité d'un petit bois, avec une douzaine
d'hommes. Ce fut, je crois, la plus mauvaise nuit que j'eus
à passer.

La pluie ne cessa de tomber que le lendemain au jour, et
il nous était interdit d'allumer du feu et de monter nos
tentes.

Lorsque, d'heure en heure, j'allais relever mes sentinelles
assez éloignées les unes des autres, je n'étais qu'à demi-
rassuré. Vers deux heures du matin, je m'assoupis contre un
arbre, lorsque je fus réveillé en sursaut par le cri : Qui
vive ! poussé par la sentinelle.

C'était le général qui faisait une ronde. Il s'aperçut bien
que j'étais un chef de poste assez novice, car il me recom-
manda de ne plus ressembler à un caporal de la garde nationale. A cinq heures du matin, je reçus l'ordre de faire
replier mon poste sur le bataillon, qui se mettait en marche
lorsque je le rejoignis. Nous fûmes forcés de suivre, sans
avoir eu le temps de faire le café, et nous marchâmes à
jeun toute la journée.

Le soir, on campa près d'un hameau, à six kilomètres de
Huisseau. A peine arrivés, nous nous empressâmes de faire
la soupe. Nous étions tellement talonnés par la faim, qu'elle
fut mangée avant d'être convenablement cuite.

Le froid fut si vif cette nuit-là, qu'au jour on trouva
un chasseur gelé sous la tente ; pour éviter le retour de

pareil accident le général ordonna que la nuit suivante nous serions cantonnés à Huisseau.

Je partis en avant avec le capitaine-adjudant, pour préparer les logements. Nous choisîmes pour ma compagnie le château de Huisseau, dont les vastes greniers garnis de paille nous promettaient une bonne nuit; mais, hélas! à cinq heures du soir, l'ordre de départ arriva, et force fut de vider les marmites qui étaient sur le feu, et qui, par extraordinaire, étaient abondamment garnies de légumes et de viande.

Dans la journée, en visitant le château pour choisir les chambres des officiers, j'étais passé par la cuisine; je n'avais eu garde d'en oublier le chemin, je m'y rendis lestement; un excellent potage au riz que m'octroya la cuisinière me fit oublier notre soupe aux choux, si malencontreusement jetée.

Notre marche ne cessa qu'à une heure du matin: nous reposâmes quelques heures dans la cour d'une maison en ruines, où nous avions aperçu un tas de paille. A cinq heures du matin, nous repartîmes tout transis, nous dirigeant vers Patay.

Nous supportâmes gaîment cette marche de nuit, à cause d'un bruit qui courait parmi nous : on assurait que l'armée de Paris était débloquée et que nous allions à sa rencontre.

Ce bruit, qui malheureusement était faux, nous avait cependant donné du courage.

Nous étions au 2 décembre ; à huit heures du matin, nous eûmes une halte d'une heure pour faire la soupe.

A certaines allées et venues des officiers d'état-major, nous eûmes l'espérance d'aller au feu. Je ne fus donc pas surpris, lorsque je reçus l'ordre de conduire quelques hommes en corvée pour aller chercher des cartouches.

En attendant notre tour de distribution, je m'adossai contre un mur, monté sur un tas de fumier, pour être plus au soleil. Je dormis pendant quelques minutes ; mais quel ne fut pas mon étonnement, à mon réveil, de voir un lignard me regarder curieusement et de reconnaître en lui mon voisin Charlet ! Nous restâmes ensemble quelques minutes ; il m'apprit qu'il était porteur de la boîte à médicaments du major du 51ᵉ de marche, et qu'il sortait du 25ᵉ de ligne. Nous nous séparâmes en nous souhaitant bonne chance.

Mon bataillon s'avançait en ligne de bataille, et nous entendions la mitraille tout près de nous ; mais nous n'eûmes pas la chance de donner ce jour-là, car nous restâmes simples spectateurs.

La bataille dura toute la journée. Jamais je n'oublierai ce spectacle : deux ou trois villages en feu, de longues files de blessés, le bruit épouvantable de l'artillerie et le sinistre crâlement des mitrailleuses. Ce fut le seul jour où j'éprouvai une certaine émotion.

Étions-nous vainqueurs ou battus ? Telle était la question que nous faisions constamment à nos officiers, qui, armés de longues-vues, examinaient les péripéties de la bataille.

Enfin le soir, vers sept à huit heures, nous montâmes nos tentes ; nous étions sans vivres. Cependant, ne voulant pas dormir sans souper, je partis avec trois hommes de mon escouade vers le village. En marchant, j'eus la chance de trébucher contre un morceau de lard ; fier de ma trouvaille, je frappai à toutes les portes pour avoir du pain et une place au feu ; mais ce village était presque complètement abandonné des habitants.

Le hasard fit que je me trouvai devant le presbytère, dont la porte s'ouvrit aussitôt. Il était encombré par des officiers du 95ᵉ de ligne, qui paraissaient enchantés d'assouvir leur faim avec quelques pommes de terre cuites sous la cendre. Nous attendîmes, pour préparer notre repas, qu'ils se fussent retirés au grenier, où ils devaient passer la nuit. Aussitôt leur départ, j'entrepris la bonne vieille servante du curé, et, à force de prières, j'obtins ce qu'elle avait mis de côté pour le lendemain et qu'elle avait refusé aux officiers, c'est-à-dire un litre de vin, du pain blanc, des pommes de terre et des pommes.

Je m'empressai de faire sauter les pommes de terre avec le lard, et nous pûmes nous restaurer complètement.

Nous retournâmes au camp, non sans avoir bien remercié notre bonne vieille du bon régal qu'elle nous avait procuré et dont elle ne voulut accepter aucun paiement.

Plusieurs sergents qui étaient descendus au village y passèrent la nuit et ne rentrèrent au camp qu'au point du jour : ils furent tous cassés immédiatement. Bien m'en prit de ne pas les imiter, car, à peine rentré sous ma tente, je fus appelé par le capitaine, pour conduire la corvée des vivres. Comme on comptait se battre le lendemain, on nous fit une distribution d'eau-de-vie.

Au matin, le bataillon partit en avant, échangea quelques coups de feu contre les lanciers prussiens, puis reçut l'ordre de battre en retraite.

Nous marchâmes toute la journée à travers champs, chargés de vivres pour cinq jours, que nous fûmes forcés de manger crus, n'ayant pas le temps de les faire cuire.

Le 4 décembre au matin, nous prîmes position dans une ferme que l'on nous fit retrancher ; quand elle fut en état de défense, on aperçut au loin les éclaireurs prussiens ; aussitôt nous abandonnâmes nos travaux et nous reprîmes notre marche à travers les terres labourées. Vers huit heures du soir, nous étions tellement fatigués, que nous nous couchâmes le long de la route, dans un fossé, malgré un froid des plus vifs. Une heure après, l'ennemi vint harceler la queue de la colonne et fit prisonniers ceux qui étaient restés en arrière ; nous repartîmes aussitôt.

Vers une heure du matin, nous nous retrouvions devant le château de Huisseau ; nous y entrâmes avant d'en avoir reçu la permission, et quatre heures de repos dans les greniers nous rendirent quelques forces.

Les fatigues des derniers jours et la mauvaise nourriture — nous n'avions que du lard cru et du biscuit, — nous firent perdre beaucoup d'hommes qui restèrent en route. Parmi ceux-là, plusieurs Châlonnais : Fécly, Villain, Regnauld et Arnould.

La variole s'était mise dans nos rangs, et lorsque le 5, au matin, nous quittâmes le château, nous fûmes forcés d'y abandonner plusieurs camarades, dont deux caporaux de Châlons : Hatat, qui depuis mon départ de Châlons ne m'avait pas quitté, et Durand, élève de la pension Gosserez, qui s'était engagé quelques jours avant nous.

J'ai su depuis qu'Hatat, transporté à l'ambulance de Plessis-les-Tours, y avait succombé le 12 décembre; le bataillon perdit en lui un bon caporal, qui était à la veille de passer sous-officier, et moi un bon camarade de campagne.

Les 5 et 6 décembre se passèrent en marches et contre-marches continuelles dans les terres labourées ; on nous laissait à peine reposer quelques heures pendant la nuit, et nous ne prenions guère qu'une gamelle de café par jour ; nous étions excessivement fatigués quand, dans la journée du 7, nous arrivâmes à Origny, où l'on nous permit de coucher dans les granges.

Mon capitaine, me voyant très-pâle, voulut profiter de notre cantonnement dans les maisons pour m'offrir un bon repas, et il m'invita à dîner à la table des officiers. Le lendemain matin, il me nomma sergent-fourrier. Je pris encore place à sa table, qui était très-bien servie.

Ces deux bons repas successifs, ma nomination de sous-officier, et une bonne nuit passée dans une étable, entre une vache, un âne et mon sergent-major, m'avaient fait oublier toutes mes fatigues ; aussi fut-ce avec une grande joie que dans la journée je vis arriver pour le bataillon l'ordre de se porter sur Cernay, où le combat était engagé.

L'action fut assez chaude ; nous étions déployés en tirailleurs dans les jardins, où les balles *rappliquaient dur*. Nous couchâmes sur le champ de bataille. Nos pertes étaient assez fortes; les Châlonnais, pour leur part, furent très-éprouvés : Viot fut tué; Manceau reçut une balle dans le pied, qui nécessita une amputation ; il en mourut. Salmon, caporal, éclat d'obus au cou ; Valliez, balle dans le ventre; Monnet, deux doigts brisés ; Sittenfeld, porté disparu.

Moi-même, je reçus dans le côté droit une balle qui heureusement s'était déjà amortie contre un arbre. J'en fus quitte pour une égratignure et un gros bleu qui m'empêcha de dormir les nuits suivantes.

Notre bataillon s'était admirablement battu, électrisé par la bravoure de nos officiers et surtout du capitaine, qui toujours était à l'endroit où le danger était le plus grand. Il avait un chassepot et je suis sûr que plus d'un Prussien est tombé sous ses coups ; toujours j'ai remarqué M. de Monnard le premier au feu, le dernier à battre en retraite.

Nous fîmes changer trois fois de place les batteries ennemies. Un seul de nos sergents avait voulu imiter les mobiles nos voisins, c'est-à-dire s'en aller assez loin du champ de bataille, et malgré l'injonction réitérée de son lieutenant, refusait d'avancer, tandis que le bataillon se battait ; il reçut du lieutenant une balle de revolver qui l'étendit mort.

Le 9, au matin, le combat recommença; il fut encore plus meurtrier que celui de la veille, aussi l'ordre de battre en retraite arriva-t-il de suite.

Châlons y perdit encore un de ses enfants : le sergent Devaux tomba frappé de deux balles à la cuisse et d'une troisième à la tête.

Dans l'après midi du 9 décembre et dans la journée du 10, nous étions chargés de défendre une batterie d'artillerie, service très-ennuyeux à faire, car trop loin de l'ennemi pour se servir de ses armes, on ne peut que rester près des canons, en recevant les bombes ennemies; étant fatigué, je m'étais couché sur une meule de paille, où je m'endormis malgré les effroyables détonations.

J'eus un réveil assez drôle ; un obus tomba juste sur la meule et fit voltiger la paille en tous sens. Je fus lancé debout à six pas de l'endroit, tout étonné de survivre à un pareil réveil.

Je cherchai un autre endroit moins à découvert et je m'y endormis de nouveau, quand je fus encore réveillé subitement par une vive fusillade qui éclatait tout près de nous. Les Prussiens s'étaient avancés en très-grand nombre et nous cernaient presque entièrement. Les officiers d'état-major qui.étaient avec nous partirent au galop de leurs chevaux en nous ordonnant, ainsi qu'à l'artillerie, de les suivre de près. Nous partîmes donc au pas gymnastique, sans avoir tiré un coup de fusil.

Les 11, 12, 13 décembre furent très-pénibles ; nous marchions du matin au soir dans les terres grasses, défoncées par le passage de l'artillerie, et très-humides à cause du dégel.

Ces étapes dans les plaines de la Beauce ne sortiront pas de la mémoire de ceux qui ont eu à les faire. Presque tous, nous avions les pieds ensanglantés. La marche était tellement pénible que, dans notre compagnie, une vingtaine d'hommes seulement arrivèrent avec les officiers à Haie-le-Champ, où nous devions camper ; les autres arrivèrent dans la nuit ou même dans la journée suivante.

Ce que nous avions souffert depuis une quinzaine de jours est impossible à raconter. Les distributions de vivres se faisaient irrégulièrement ; nous ne touchions pas notre prêt, et l'eussions-nous touché, qu'il nous aurait été impossible de nous procurer des vivres. Les paysans nous refusaient tout, préférant garder leurs provisions pour l'armée allemande.

Lorsque nous arrivions à l'étape, nous tâchions de nous procurer du pain et du vin. On commençait par nous refuser ; si nous insistions, on nous faisait payer de l'eau rougie 75 centimes la bouteille.

Un jour, je surpris une femme cachant cinq ou six miches de pain ; elle refusa, malgré mes menaces, de m'en céder un petit morceau que j'offrais de lui payer un franc, tellement j'avais envie d'en goûter et de remplacer pour une fois l'indigeste biscuit que nous donnait l'intendance.

C'était surtout la paille que nous nous procurions difficilement. Plusieurs fois, n'en pouvant pas trouver, nous fûmes forcés d'abattre des branches d'arbres pour couvrir la boue sous nos tentes : triste lit de plume, sur lequel nous ne pouvions guère reposer.

L'ordonnance, qui m'était commun avec le sergent-major, était chargé de ces détails. Cependant, un soir qu'il était resté en route, je fus forcé d'aller à la paille. Nous étions campés à un kilomètre du village. Je m'y rendis, cherchant de tous côtés des granges ou des meules.

Je découvris d'abord une cour pleine de bottes de paille. Tout heureux de trouver de suite, je tendais déjà la main, lorsqu'un paysan me barra le passage en faisant tournoyer un maître gourdin. Prières et menaces, rien ne put le fléchir.

J'allai ailleurs, je vis un second magasin, mais le propriétaire y montait la garde avec son fusil de chasse. Je lui fis honte de son peu de patriotisme, lui reprochant de se servir d'armes contre des soldats français qui ne demandaient qu'un peu de paille, tandis que le lendemain il cacherait son fusil et donnerait aux Prussiens tout ce qu'ils lui demanderaient ; il était sur le point de m'en laisser enlever une botte lorsqu'il vit sa femme arriver ; il eut peur d'elle sans doute, car il me mit en joue et me força à déguerpir.

Je trouvai enfin une troisième grange : la porte était défendue par un groupe de paysans armés de fourches ; en outre, un piége était tendu à l'intérieur. Je commençais à être passablement furieux. Je mis le sabre à la main, puis, secouru par quelques artilleurs, nous enfonçâmes la porte, inutile de dire qu'une razzia complète s'opéra en un instant.

Je m'en retournai, suivi des malédictions des paysans, avec une bonne botte de paille que j'étendis sous la tente, et sur laquelle nous reposâmes à quatre.

Tous les jours, ces scènes étaient à recommencer. Aussi les Beaucerons ne sont-ils pas en odeur de sainteté dans l'armée de la Loire.

Ce fut à cette époque que notre jeune ministre de la guerre vint nous visiter.

Gambetta était dans une calèche escortée d'un piquet de lanciers. Je ne sais trop pourquoi il n'était pas aimé des soldats, qui lui attribuaient tous nos malheurs; il avait cependant déployé une grande énergie pour la formation de notre corps d'armée.

Les 14 et 15, on nous accorda un peu de repos bien nécessaire. Je vécus pendant ces deux jours avec les officiers, dans une maison du village, où, profitant de cet arrêt, je mis au courant les écritures de la compagnie, très-heureux d'avoir une table pour travailler, car combien de fois n'ai-je pas été forcé d'écrire à la lueur vacillante du bivouac, étendu dans la boue, les yeux brûlés par la fumée.

Le 16, au matin, nous quittâmes le cantonnement. Le médecin m'avait permis de mettre mon sac aux bagages, il voulait même m'envoyer aux ambulances, à cause d'une diarrhée très-forte que j'avais attrapée à Grenoble et qui me fatiguait horriblement. Mais je préférai suivre la compagnie en m'appuyant sur un échalas en guise de canne.

Nous marchions sur Vendôme, que les Prussiens étaient occupés à prendre.

On nous plaça en réserve dans un petit bois. Le capitaine fut chargé avec soixante-quatre hommes d'aller en avant en tirailleurs : j'étais avec lui.

Dès que nous sortîmes du bois, nous faillîmes être renversés par un régiment de mobiles, qui était dans une complète déroute, pour trois bombes qui venaient d'éclater près d'eux sans leur faire aucun mal.

Nous essayâmes en vain de les rallier, entraînés qu'ils étaient par le déplorable exemple de leurs officiers, qui étaient les premiers à crier ; « Sauve qui peut ! » Seul, un fourrier essaya de retenir quelques mobiles et de nous suivre ; mais, abandonné par tous, il fut forcé de suivre sa colonne.

Après avoir marché pendant quelques minutes, nous découvrîmes à la gauche de Vendôme, à douze cents mètres de nous, une petite colonne, mais impossible de reconnaître des Français ou des ennemis.

Le capitaine demanda quatre hommes de bonne volonté pour se glisser en enfants perdus dans les vignes et aller reconnaître la colonne. Je partis suivi de trois hommes ; arrivé près de l'endroit, je reconnus les Prussiens qui s'emparaient de deux de nos canons embourbés et abandonnés par nos artilleurs. Nous nous repliâmes aussitôt pour prévenir le capitaine ; les Prussiens nous ayant aperçus, nous envoyèrent quelques balles ; mais le capitaine les voyant tirer sur nous, commanda le feu, ce qui nous permit de rentrer sains et saufs à notre ligne.

Le lieutenant qui était avec nous était parti sur notre droite, suivi d'une trentaine d'hommes, pour tourner les Prussiens, je crois, lorsque tout d'un coup une grêle de balles nous arriva de notre gauche, où un petit bois nous séparait de la route de Vendôme. Nous croyions cette route gardée par notre artillerie, mais elle était partie sans rien dire, et immédiatement les Prussiens s'en étaient emparés. Nous étions tournés ; il n'y avait que le petit bois qui nous séparait des ennemis, et il avait 250 mètres de large à peu près. Aussitôt le capitaine fit sonner au clairon l'ordre de mettre la baïonnette au canon, et il ordonna de traverser le bois. Nos hommes, voyant notre position critique et notre petit nombre (nous n'étions plus qu'une trentaine), hésitèrent. Je me lançai immédiatement dans le bois en criant: « En avant ! » pour vaincre leur irrésolution. Le capitaine, ému, s'écria : Allons, mes enfants, suivez votre fourrier. Je continuai à marcher sans me retourner, quelques hommes seulement me suivaient de près. Le bois était très-touffu et j'entendais les Prussiens se parler, que je ne les voyais pas encore. Les balles sifflaient furieusement à mes oreilllles. Au premier casque que je vis reluire au travers des arbres, je m'arrêtai, et, le mettant en joue, je fis feu : c'était un lieutenant-colonel, il tomba le corps traversé. Je sortis de suite du bois et tombai à la baïonnette sur les Prussiens. Celui que je trouvai devant moi me blessa à la joue, sous l'œil droit, mais je ne sentais pas encore ma blessure que déjà il était tombé le ventre traversé et que ma baïonnette toute fumante cherchait une autre victime. J'en blessai deux, l'un à l'épaule, l'autre au bras; puis je restai atterré, je m'aperçus que deux chasseurs seulement étaient près de moi. J'entendais le clairon qui sonnait à perdre haleine l'appel au drapeau au pas gymnastique. Je ne doutais pas que le capitaine ne le fît sonner afin de faire accourir tout le bataillon à mon secours ; mais hélas ! il était bien loin, et non seulement le capitaine ne put rallier assez à temps les quelques hommes qui lui restaient pour me délivrer, mais il fut obligé de battre en retraite devant les Prussiens, qui, à leur tour, entraient en grand nombre dans le bois. Je n'ai su ces détails que plus tard ; pour le moment, espérant être bientôt secouru, j'essayai de me mettre sur la défensive et de tenir le plus longtemps possible. Mais quel ne fut pas mon effroi, quand je vis un Prussien, à deux mètres de moi, m'ajuster en visant bien au cœur ; je me crus perdu. C'est alors qu'en une seconde, une foule de pensées m'assaillirent : mes parents, mes amis, Châlons, tout passa devant mes yeux comme un tableau sinistre.

Enfin le coup partit, la balle traversa mon manteau à l'épaule gauche, mais je n'étais pas touché. Un cri de reconnaissance monta de ma poitrine vers le ciel.

Je fis deux pas en avant pour percer le corps de celui qui m'avait manqué ; ce mouvement me fut fatal, car, ne pouvant plus voir tous les ennemis, je ne pus parer un coup de crosse qui me fut appliqué sur la tête, et qui me jeta par terre presque sans connaissance. Ma chute n'arrêta pas le bras qui savait si bien manier la crosse, car j'en reçus encore une vingtaine de coups, dont l'un fut tellement violent, que mon bras gauche fut doublement fracturé. On me laissa quelques instants par terre : des deux chasseurs qui étaient avec moi, l'un parvint à s'esquiver, l'autre se rendit après avoir reçu une blessure légère ; ils avaient tous deux blessé plusieurs Prussiens.

Quelques coups de pied me firent revenir à moi ; je me relevai en soutenant mon bras qui me faisait atrocement souffrir. Deux Prussiens furent chargés de me conduire à l'ambulance ; *forwertz !* me disaient-ils en me poussant brutalement. Je marchais assez difficilement ; en entrant à Vendôme, mes conducteurs racontèrent au chef de poste qui gardait l'entrée de la ville, que j'avais blessé grièvement un officier.

Celui-ci entra dans une violente colère, me mit son révolver à la gorge et voulut me faire sauter la cervelle, en disant : « Canaille *Françousse*, tuer *officier* !. »

Je lui montrai mon bras cassé et mon visage ensanglanté, il se contenta de me flanquer un maître coup de pied à la chute des reins ; j'arrivai enfin à l'ambulance. A partir de ce moment, les Prussiens me témoignèrent toujours les égards que l'on doit aux blessés et me soignèrent très-bien.

Dans la même ambulance, on avait transporté l'officier blessé par moi ; il expira deux jours après.

J'avais pour voisins de lit deux soldats que j'avais blessés, nous ne tardâmes pas à faire connaissance, et plus tard, nous nous sommes quittés les meilleurs amis du monde.

Je restai cinq semaines dans cette ambulance où je croyais bien finir mes jours, car je fus pris de la fièvre d'hôpital.

C'est alors qu'une grande tristesse s'empara de moi et que j'eus peine à chasser une foule de tristes pensées.

Je n'espérais plus vous revoir, vous tous mes bons amis que j'ai été si heureux d'embrasser à mon retour ; je ne savais pas tant vous aimer, et ce n'est que près de la mort que l'on sent combien l'ami, à qui en temps ordinaire, on offre une banale poignée de main, tient de place dans le cœur.

J'étais dans une ambulance particulière de laquelle je n'ai conservé que de tristes souvenirs. Généralement les sœurs d'ambulance furent admirables de dévouement pour nos blessés ; il y eut cependant quelques rares exceptions, et quelquefois le drapeau blanc à croix rouge était arboré sur un établissement bien plus pour le préserver du pillage que par charité pour les blessés.

Il en fut ainsi à l'ambulance où j'étais ; je vais citer certains faits qui prouveront mon dire.

Cet établissement était très-vaste ; on y recevait des vieillards des deux sexes qui, moyennant pension, étaient logés et nourris ; de plus, il y avait un orphelinat de jeunes filles. La communauté avait des ressources immenses, car une boulangerie, une métairie, une basse-cour, un jardin fruitier et potager, étaient annexés au couvent.

Les caves renfermaient le vin et le cidre récoltés par la maison.

Le grenier, amplement approvisionné de farines provenant des fermiers de l'établissement, en alimentait la boulangerie. A l'approche des armées envahisssantes, on craignit pour tant de provisions ; aussi se décida-t-on à arborer le drapeau international et à mettre une salle à la disposition des blessés. Dès lors, les bestiaux et les récoltes étaient sauvegardés. Quant aux malades, on s'en occupait seulement quand la prière n'appelait pas les sœurs à la chapelle, car étant d'un ordre contemplatif, elles y passaient régulièrement une dizaine d'heures par jour.

Combien de fois, la nuit, n'ai-je pas été forcé, quoique mes blessures fussent douloureuses, de me lever pour soi-

gner et donner à mon voisin ce dont il pouvait avoir
besoin !

C'était un pauvre diable de Prussien qui, ayant eu la
cuisse cassée par une balle, ne pouvait faire aucun mouvement ; aussi me rappellerai-je longtemps avec quelle expres-
sion de reconnaissance, et les yeux humides, il me serrait
les mains, lors de mon départ de l'ambulance.

Il est d'habitude, dans tout hospice, d'avoir des laveuses
pour le linge des blessés. Mais là, c'était différent : il fallait
où le laver soi-même ou payer une blanchisseuse. Comme ces
deux alternatives m'étaient absolument impossibles, je fus
forcé d'avoir recours à la ruse.

J'avais remarqué qu'en plaisant à M. l'aumônier, on pouvait obtenir quelque profit. Je m'attachai donc à plaire à cet
excellent homme, ce qui, du reste, n'était pas bien difficile.

Nous causions littérature ; je n'hésitai pas à lui dire qu'à
mon sens Louis Veüillot était le plus grand écrivain mo-
derne, et que je trouvais *les Parfums de Rome* et *les Odeurs
de Paris* très-remarquables ; que les *Couleuvres* étaient des
poésies très-fines, tandis que V. Hugo n'était qu'un orgueil-
leux rimailleur, et l'auteur de *Rolla* un débauché.

Je passai de suite pour un jeune homme bien pensant,
et.... mon linge fut lavé aux frais de la maison.

Comme le sel était assez cher, on avait trouvé très-com-
mode de le supprimer, ce qui est une privation bien plus
grande qu'on ne le croit généralement.

Vers la fin de janvier, les Prussiens ayant amené de nouveaux malades, les sœurs prièrent ceux qui étaient en voie
de guérison de céder la place.

Quoique je pusse encore à peine me tenir sur mes jambes,
qui, à la suite des coups de crosse, s'étaient gonflées, je fus
désigné par un médecin français pour suivre le convoi de
prisonniers se rendant en Allemagne.

Ne pouvant faire la moindre étape à pied, et ne désirant
aucunement visiter la Prusse, je me rendis à la commandan-

ture. Là, il fut parfaitement reconnu que j'étais trop faible et on me promit une voiture. En attendant qu'il y en eût de libre, je reçus un billet de logement chez le receveur municipal de Vendôme, qui, tout heureux de loger un Français, m'hébergea à merveille. Les secrétaires de la commandanture me donnèrent une provision de tabac et de cigares, ce qui me fit le plus grand plaisir, car depuis six semaines j'en avais été bien privé.

Deux jours après, on me conduisit en voiture à Blois. Je couchai à l'ambulance du château, espérant prendre le lendemain le chemin de fer pour Châlons, car à Vendôme le commandant de place, me jugeant incapable de retourner au service, m'avait autorisé à rentrer chez moi. Malheureusement la neige qui tombait en abondance entravait la ligne, qui fut coupée quelques jours après par des troupes françaises. Je restai donc trois semaines dans ce charmant domaine, qui en 1860 fut donné au prince alors impérial. Nous y étions parfaitement soignés et nourris.

Ce fut une distraction pour nous, pauvres prisonniers, de pouvoir visiter en détail ce vaste château, dont l'importance sous le rapport de l'art égale l'intérêt que lui ont légué les évènements de l'histoire.

L'architecture du xiiiᵉ siècle y est représentée par la colonnade de la salle des États ; le xvᵉ a vu s'élever la galerie des ducs d'Orléans, aïeux de Louis XII, et ce bon roi a fait construire la façade orientale, où l'heureux mélange de la brique et de la pierre, l'originalité de l'ensemble, la délicatesse et la naïveté des détails laissent l'œil et le goût indécis entre cette construction et celle qui l'avoisine, due à François Iᵉʳ. Celle-ci, riche de tout ce que l'art avait emprunté à la renaissance italienne, sans répudier pour cela l'ancien style français, mérite cependant plus d'intérêt. La façade du nord offre une belle ordonnance de galeries superposées, accompagnées de pilastres brodés d'arabesques et enrichies de balcons circulaires à pendentifs de la plus riche ornementation.

La façade du côté de la cour se distingue par son magnifique escalier extérieur, à jour, qui est certainement une des pièces capitales de l'architecture de la renaissance.

Gaston d'Orléans fit construire le quatrième corps-de-logis sur les dessins de François Mansart ; le célèbre architecte lui a donné toute la grandeur et la majesté des édifices de l'époque.

Abandonné, mutilé, déshonoré par les malheurs des temps et l'incurie des administrations, le château tombait en ruines, lorsqu'il y a plusieurs années, le savant architecte Duban en entreprit la restauration et fit, à cette royale demeure, la restitution la plus heureuse de ses anciennes splendeurs architecturales et décoratives.

Lorsqu'on visite les appartements, le guide fait voir l'endroit où fut assassiné le duc de Guise, et la porte derrière laquelle Henri III se cachait pendant que les Quarante-cinq exécutaient ses ordres. On voit aussi la prison où furent enfermés le cardinal de Guise et l'archevêque de Lyon. Cette prison est fermée par une porte massive en fer, posée en cet endroit depuis trois siècles, après avoir servi ailleurs trois autres siècles.

Nous vivions tout-à-fait privés de nouvelles, lorsqu'un jour le bruit de la mitraille arriva à nos oreilles : c'était un retour offensif d'un de nos généraux, qui était déjà presque maître de Blois. Nous espérions être délivrés, lorsque la nouvelle de l'armistice arrêta les opérations. Il fut question de nous échanger. On forma un train de convalescents que l'on expédia à Orléans (10 février). Les moins guéris, au nombre d'une centaine (j'en faisais partie), furent casernés dans l'église Saint-Pierre-du-Martroy. Nous ne devions y séjourner qu'une nuit, mais un retard dans les négociations empêcha l'échange.

Nous avions chacun une paillasse et une couverture, et plusieurs poëles chauffaient l'église. Ce n'était pas suffisant pour nous préserver de l'humidité du lieu ni du vent, qui avait beau jeu au travers des verrières brisées.

Nous nous tenions une partie de la journée dans une petite cour qui servait d'entrée à l'église et qui était soigneusement grillée. Un poste prussien, du reste, nous surveillait assez attentivement.

Il y avait parmi nous un pauvre vieux gendarme, médaillé, 23 ans de service, qui désirait fort s'évader. Je résolus, de concert avec un étudiant en médecine, qui sous l'uniforme des zouaves avait fait la campagne, de favoriser son évasion.

Le zouave fit demander à la grille des effets civils que je fus chargé de recevoir et cacher sous mon large manteau de chasseur. Je les remis à la nuit tombante au gendarme, qui s'en revêtit à la hâte, profitant de l'obscurité du chœur. Nous saisîmes le moment où l'on venait de relever la sentinelle ; je donnai un litre vide, que je m'étais procuré, au gendarme, puis le zouave et moi nous le conduisîmes à la porte, en lui disant : « Bonsoir ! demain apporter cognac, bon cognac. » La sentinelle prussienne, croyant que son prédécesseur avait laissé entrer un marchand de cognac, lui ouvrit la porte sans difficulté. On ne s'aperçut de l'évasion que le lendemain. Nous y gagnâmes un redoublement de sévérité, et il fut interdit de laisser entrer personne dans l'église avec nous. C'est à peine si l'on nous laissait approcher de la grille pour recevoir ce que les habitants d'Orléans venaient nous apporter.

Les Anglais faisant partie de la Société internationale de secours aux blessés purent seuls faire lever l'interdiction, et ils furent très-bons pour nous. Ils nous apportaient tout ce dont nous pouvions avoir besoin en fait de linge et de vêtements, tabac et cigares. Plusieurs fois, ils nous distribuèrent du café.

Les jours gras approchaient. Nous voulûmes pour ce jour-là avoir une petite fête ; il fut convenu que chacun se procurerait quelque chose ; ceux qui avaient encore quelques sous se firent apporter des provisions par les domestiques. Ne pouvant faire comme eux, vu l'état de mes finances, je résolus de m'y prendre autrement.

J'avais remarqué une jolie brunette qui passait tous les jours devant l'église et qui semblait regarder mon bras en écharpe d'un œil compatissant. Nous fîmes connaissance au travers des barreaux, et, le mardi gras arrivé, elle m'apporta bel et bien un panier de crêpes et un flacon de rhum que je passai en contrebande, car on nous avait défendu les spiritueux. Le soir arrivé, toutes les provisions se partagèrent, puis formant un grand cercle au milieu de l'église, nous eûmes un petit concert. Chacun à son tour chantait, qui une romance, qui une chansonnette, qui un passage d'opéra. A la fin du concert, un zouave monta sur une chaise et composa l'orchestre en sifflant. Le bal fini, un ancien acrobate nous fit quelques tours de dislocation, puis enfin la fête se termina.

Ce n'est certainement pas ce mardi gras qui m'a laissé le moins agréable souvenir.

C'est surtout dans ces diverses ambulances que je pus juger le mauvais esprit de l'ancienne armée française et de la nécessité absolue de la réformer, si l'on voulait plus tard prendre une revanche.

Avec l'ancien mode de recrutement, tous les jeunes gens ayant reçu une certaine instruction se faisaient remplacer ; il ne restait guère au service que ceux que leur mauvaise conduite empêchaient de trouver la somme nécessaire pour acheter un homme, et puis les vendus, comme si dans un pays civilisé on pouvait envoyer un homme se faire tuer à votre place pour de l'argent ; ces individus, sans éducation, qui formaient la majorité de l'armée, contractaient, dans l'oisiveté de la caserne, des habitudes d'ivrognerie qui, en temps de guerre, lorsque la discipline se trouve forcément relâchée, dégénère en licences effrénées et détruit complètement ce qui pourrait rester de discipline.

Donc, pour avoir une armée vraiment nationale, il faut que tous les jeunes gens, sans exception, passent quelque temps sous les drapeaux et, par une discipline de fer, apprennent à respecter les ordres des chefs.

Enfin l'ordre de nous échanger arriva. Nous partîmes pour Vierzon, où les soldats prussiens nous remirent aux autorités militaires françaises. Dès l'arrivée à Vierzon, je rentrai dans mes fonctions, car j'eus à m'occuper des vivres pour la colonne et des distributions de billets de logement.

Je gardai le dernier pour moi, et bien mal m'en prit, car je tombai dans un couvent, où l'on me refusa même de la paille. Je fus forcé de me coucher sur le plancher !

L'intendance jugea à propos de me faire promener aux frais du gouvernement pendant plusieurs jours : on me fit aller de Vierzon à Limoges, de Limoges on me renvoya à Vierzon, d'où enfin je pus partir pour Lyon et Grenoble.

Arrivé au dépôt, je fus pris pour un revenant, car on m'avait cru tué le 16 décembre. Je demandai des nouvelles du 10ᵉ de marche, de mes officiers, et en particulier de M. de Monnard, mon capitaine, que j'aimais tant, et qui avait toujours été si bon pour moi. On me répondit qu'on ne savait pas où était le bataillon, que le capitaine était tué et les officiers blessés. Ne pouvant aller les rejoindre, je fis mon possible pour avoir mon congé, qui me fut donné dès qu'on m'eut rhabillé à neuf. Inutile de dire ma joie en rentrant dans mon pays.

Plusieurs Châlonnais rentrèrent à peu près en même temps que moi ; ce sont :

Hordé, sergent de tir ; Fontaine, sergent ; Salmon, caporal, parfaitement guéri de sa blessure ; Sittenfeld, qui, après nous avoir quittés près d'Origny, était passé caporal dans une autre compagnie ; les deux frères Mulard, H. Moriamé, Liébaux, Manuel, Nolin, caporaux ; Maréchaux, chasseur de 1ʳᵉ classe, qui avait été blessé au Mans ; Monnet et Valtiez, à peine remis de leurs blessures ; Fécly, Vilain.

Les derniers, Soissons et Robat, quittèrent le bataillon à Versailles, après avoir donné contre les insurgés de Paris.

J'eus alors par eux des nouvelles certaines du capitaine. Je sus qu'il n'était ni tué ni blessé, et qu'il avait été très-peiné d'avoir été forcé de m'abandonner, qu'il me croyait bien mort. Je résolus d'aller le voir dès que l'insurrection serait réprimée. Je fus reçu à bras ouvert par tous les officiers. Mon capitaine me présenta au chef de bataillon, M. Tarillon. Ces messieurs voulurent me proposer pour une récompense.

Je me rappellerai toute ma vie la chaleur avec laquelle M. de Monnard raconta au commandant ce que j'avais fait le 16 décembre et l'estime qu'il me témoignait. Certes, un moment comme celui-là, où j'eus l'honneur de presser les mains de tous les officiers du bataillon et où je vis le capitaine m'embrasser, les yeux humides, a été l'un des plus doux de ma vie.

J'étais arrivé à temps pour féliciter le capitaine de sa promotion récente au grade d'officier de la Légion-d'Honneur.

Je trouvai encore au bataillon plusieurs Châlonnais que l'on avait gardés parce qu'ils étaient de la classe 1870 ou 1871.

J'ai fini de raconter ma campagne, et à mon retour je vois encore l'ennemi que nous voulions chasser, se promener vainqueur dans nos rues. Nous avons été vaincus ! Sera-ce pour longtemps. Je ne le crois pas. Avant de nous quitter, tous, les volontaires du 3ᵉ, nous nous sommes juré de reprendre l'uniforme à l'heure de la revanche, et, s'il plaît à Dieu, nous tiendrons notre serment. Souhaitons que cela soit avant peu. Nous repartirons encore, et de nouveau nous affronterons la mitraille allemande aux cris de : *Vive la France !*

Châlons, imp. T. Martin.

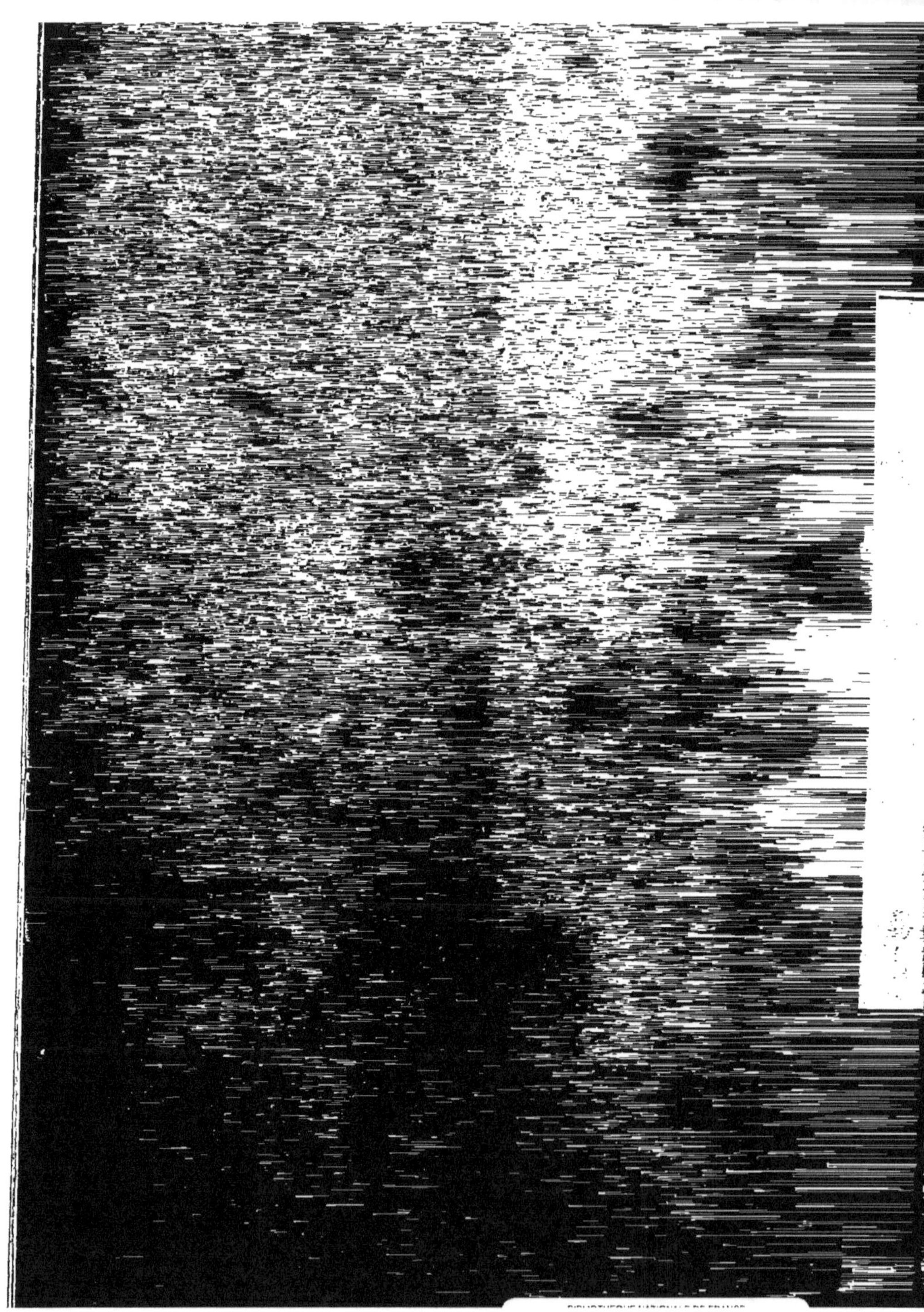

9 782011 765833